BEHAVIOR SOLUTIONS

FOR THE INCLUSIVE CLASSROOM:
A HANDY REFERENCE GUIDE
THAT EXPLAINS BEHAVIORS ASSOCIATED WITH
AUTISM, ASPERGER'S, ADHD, SENSORY PROCESSING
DISORDER, AND OTHER SPECIAL NEEDS

融合教室问题行为解决手册

[美]贝丝·奥纳(Beth Aune) 贝丝·伯特(Beth Burt) 彼得·热纳罗(Peter Gennaro) / 著
张雪琴 / 译

图书在版编目（CIP）数据

融合教室问题行为解决手册/（美）贝丝·奥纳（Beth Aune），（美）贝丝·伯特（Beth Burt），（美）彼得·热纳罗（Peter Gennaro）著；张雪琴译. --北京：华夏出版社，2018.1（2024.6 重印）

书名原文：Behavior Solutions for the Inclusive Classroom: A Handy Reference Guide that Explains Behaviors Associated with Autism, Asperger's, ADHD, Sensory Processing Disorder, and other Special Needs

ISBN 978-7-5080-9318-5

Ⅰ.①融… Ⅱ.①贝… ②贝… ③彼… ④张… Ⅲ.①儿童教育－特殊教育－行为异常－问题解决（心理学）－手册 Ⅳ.①G76-62

中国版本图书馆 CIP 数据核字(2017)第 229027 号

Permission for this edition was arranged through Future Horizons.

©华夏出版社有限公司　未经许可，不得以任何方式使用本书全部及任何部分内容，违者必究。

北京市版权局著作权合同登记号：图字 01-2016-9545 号

融合教室问题行为解决手册

作　　者	[美]贝丝·奥纳　　[美]贝丝·伯特 [美]彼得·热纳罗
译　　者	张雪琴
责任编辑	刘　娲
出版发行	华夏出版社有限公司
经　　销	新华书店
印　　装	三河市万龙印装有限公司
版　　次	2018 年 1 月北京第 1 版 2024 年 6 月北京第 5 次印刷
开　　本	710×1000　1/16 开
印　　张	8.5
字　　数	78 千字
定　　价	36.00 元

华夏出版社有限公司　　地址：北京市东直门外香河园北里 4 号
邮编：100028　网址：www.hxph.com.cn
电话：（010）64663331（转）

若发现本版图书有印装质量问题，请与我社营销中心联系调换。

教育没有定规,
孩子的行为取决于我们
是否愿意去爱,去创造,去变通。

谨以此书献给所有有此共识的家长和教育者。

致　谢

首先将此书献给我的孩子：贝利、莱利和艾玛，她们是我这辈子最大的福分，献上我不渝的爱和敬意。

感谢我的父母吉恩和洛拉、姐妹沙伦和柯尔斯滕、兄弟伦纳德、各位同事和朋友，感谢大家始终激励我去实现梦想。尤其要感谢无数极具专业水准的从业人员和学生家长，特别是我生挚爱的各位，谢谢大家与我们分享知识和经验。

万分感谢特殊孩子们，他们是真正的专家，每天都提醒我怎么玩耍，如何大笑，怎样珍惜当下，因为每一刻都是快乐的礼物。

——贝丝·奥纳

感谢我的儿子杰伦、科比和其他所有每天都在为各种生活"琐事"努力奋斗的孩子们，你们给了我永不放弃的决心。

感谢每一位了不起的家长、学生、教育者和管理者，还有其他专业人员，为了让这些孩子能在学校顺利学习，你们日复一日辛勤工作，没有你们，这本书不可能存在。还要感谢那些欣然采用了我们的建议并提供反馈的老师和家长们。

在我埋首书稿之际，每每都是我先生给全家人做饭，他给了我一如既往的支持，在此献上我无尽的爱。感谢我的家人，彼此不离不弃，永远相互鼓励、永远相互支持、永远相爱。感谢带给我喜乐的闺密们，你们的祷告、你们的提醒让我全心全意地相信上帝（《圣经》箴言3∶5），你们也了不起，我爱你们。

——贝丝·伯特

感谢当初成全我、让我得以完成学业的人们；感谢我的父母和姐姐，他们认为只有接受恰当的教育，我才有可能掌握自己的未来，感谢他们的先见之明。也感谢当时的老师、学校管理者们，他们不仅传道授业，还洞察学生的内在潜力，让我们这些人在有生之年也能闪耀出与众不同的光彩。

——彼得·热纳罗

前　言

将残障儿童融入普通教育体系的做法逐年得到重视。全美教育协会（National Education Association）指出，过去十年中，注册特殊教育计划的美国学生数量增加了30%，而四分之三的残障学生进到了普通学校的课堂，有的全日就读，有的非全日就读。大势所趋，作为一名教育者，你将面对的学生背景各异，能力水平参差，障碍程度不一。

有的学生来时带着标签：学习障碍（Learning Disability）、孤独症谱系障碍（Autism Spectrum Disorder）、阿斯伯格综合征（Asperger's Syndrome）、感觉加工障碍（Sensory Processing Disorder）、妥瑞氏综合征（Tourette Syndrome）、注意障碍（Attention Deficit Disorder, ADD）或注意力缺陷多动障碍（Attention Deficit Hyperactivity Disorder, ADHD）等。有的学生经过评定还无需接受特殊教育，但无论你怎样努力，他们对你的指令就是不理睬、不回应。

如果你的班里正有一位或几位这样的学生，行为问题影响了学习，那么本书将提供帮助。说得更确切一点，我们关注的是，当有上述能力障碍的孩子在不时表现出行为和学业上的困难时，可以有哪些应对方法。希望这本手册无论在版式还是内容上都清楚明了，能助你一臂之力。我们知道与这些孩子打交道有时劳心费神，希望你能找到妥善的办法，顺利渡过难关。我们也希望，等你处理困难行为日渐得心应手之后，能对书中的观点有所拓展和增益，让这本手册成为你创新的起点。书中观点是我们二十多年残障儿童教育的经验总结，每个章节都提供专门的解决方案，让你面对困难行为不再一筹莫展。如果需要，你还应该协同整个学校团队，包括行政人员和心理咨询师，制订书面的、综合的行为解决方案。

本书提到的很多障碍属于"谱系障碍"，谱系内的学生会有以下一些特征：

- 时间概念表达困难（……前、……后、明天、上周等）
- 往往听不懂玩笑，不懂幽默
- 创造性和想象力有限
- 反应迟缓
- 难以预测下一步事态发展，难以回答理解型问题
- 评论会跑题
- 书写不良
- 难以进行有条理的思考
- 经常需要大量说明和一对一的辅导

- 难以记住指令和步骤的先后顺序
- 经常表现出健忘或缺乏组织能力
- 语言表达和理解能力弱
- 经常重复相同的错误
- 看起来过度活跃、注意力不集中、容易分心；难以长时间专注一件事
- 经常冲动
- 可能出现挫折不耐受、日常社交互动困难，对某些情境反应过度
- 进行写作或其他任务时，难以组织他们的想法
- 有自残行为（撞头、打自己、负向归因）
- 低自尊
- 难以控制情绪和语言表达
- 团队合作困难

（以上是对与障碍相关的行为的普遍归纳，谱系内每个学生的具体情况因人而异）

本书分四大部分，每一部分探讨一大类伴随障碍而生的常见行为问题：肢体运动问题，回避和退缩行为，常规和学业困难，社会性情绪问题。当然，这并不表示我们认为与障碍相关的所有行为都可以被明确地分类，我们也无意于"治愈"障碍本身，我们主要关心的是帮助老师们处理好日常工作中可能会遇到的问题。也就是说，如果学生做了A，我们建议老师去做

B以便缓解问题,然后继续手头的工作,完成对全班学生的教育任务。

切记,这些学生面对的困难每天都可能发生变化(事实也常常如此),而且有时毫无根据。希望你们不要完全照搬书里的方法,而是根据每个孩子的个体需要有的放矢。

目前很多地区都在实行行为干预反应(response to intervention, 简称 RtI)模式。笔者认为这本手册里的方法可以为 RtI 第一层级和第二层级的干预做好铺垫。

本书提供的解决方案涉及了很多障碍类型,但希望你不囿于此,这些方法适用于所有学生:不论他是否被诊断为某种障碍类型,只要表现出相应的困难行为,都不妨拿来一试。

目　录

第一部分　肢体运动问题 ················· 1

拍打手或手臂 ······················· 3

甩手臂 ··························· 5

折断铅笔、蜡笔 ······················ 7

不恰当地触碰、冲撞他人 ················ 10

咬衣服或其他不该咬的东西 ··············· 13

哈欠过多 ························· 16

坐不住 ·························· 18

离座行为 ························· 21

过度拥抱、倚靠或推搡他人 ··············· 24

脱鞋 ···························· 26

第二部分　回避和退缩行为 ……………………… 29

　　回避身体接触或杂乱活动 ……………………… 31

　　捂耳朵 ……………………………………………… 33

　　不安时躲避、跑开 ……………………………… 36

　　低头或"自我封闭" ……………………………… 38

第三部分　常规和学业困难 ……………………… 41

　　难以适应地毯时光 ……………………………… 43

　　排队困难 ………………………………………… 46

　　开始作业困难 …………………………………… 49

　　小组活动困难 …………………………………… 52

　　回家作业困难 …………………………………… 54

　　丢文具、丢作业 ………………………………… 56

　　课桌不整、作业夹凌乱 ………………………… 59

　　书写不良 ………………………………………… 62

　　不注意、开小差或不听指令 …………………… 65

　　违反操场规则 …………………………………… 69

　　午餐问题 ………………………………………… 73

　　求助困难 ………………………………………… 76

　　坚持不变，转换困难 …………………………… 78

第四部分　社会性情绪问题 …… 81

- 言语粗鲁或不当 …… 84
- 着装问题 …… 87
- 难以接受批评 …… 89
- 难以做决定 …… 92
- 说话太多 …… 94
- 哼哼、自言自语、发怪声、做怪动作 …… 97
- 打断他人 …… 99
- 放肆大笑、傻气 …… 101
- 眼神接触少甚至没有 …… 103
- 闻人嗅物 …… 105
- 大声讲话 …… 107
- 发脾气 …… 109

附录 A　运动休整法及目标导向任务 …… 113
附录 B　感觉输入工具 …… 115
附录 C　安抚技巧 …… 117
相关资源 …… 119
作者简介 …… 121

第一部分

肢体运动问题

　　学习和注意取决于我们对感觉输入的信息进行整合、组织的能力。除了视、听、味、嗅、触这五大基础感觉，还有一些我们不太熟悉的感觉，包括身体运动觉（sense of movement）和肌肉意识觉（sense of muscle-awareness）。学生如果不能组织好各种感觉输入的信息，大脑交通就会堵塞，集中注意力和学习就会变得困难。所以，要想有效地进行学习，我们的感觉必须协同有序地工作。

障碍儿童通常难以很好地解读各种信息，不论这些信息来自周围环境，还是自己的身体。身体意识淡漠的学生为了收集更多的信息，往往会过度运动、过度触摸。他们的扰乱或多动行为大多是为了寻求持续的刺激或更强烈、更持久的感觉输入。

这些学生可能出现的行为包括：

◆ 寻求更多感觉刺激时，表现多动、坐立不安；

◆ 对触碰、疼痛不敏感，或过于频繁、用力地触碰他人（可表现为攻击行为）；

◆ 从事危险活动，如爬得太高、不正确地使用设备等；

◆ 听广播、看电视时，特别渴望听到超大的声音。

拍打手或手臂

拍打手或手臂的行为,一般出现在学生焦虑或者不能恰当表达自身关切和情绪的时候,但也可能出现在他为某事感到由衷快乐、兴奋的时候。这一刻板行为看起来古怪,很容易让他孤立于同伴社交圈之外。

拍打手或手臂通常被用作平复情绪的一种手段,与另一动作"甩手臂"有所不同(这一动作下节有专门论述)。

对　策

- 这一行为属于最难以被替代的行为之一。最好的办法是，**让其他学生形成心理预期——这种行为不时会发生**。有了这样的认知，其他同学就不会那么关注这一行为了。

- **教学生采用其他功能相似但不那么显眼的动作来代替**。比如，让学生玩减压玩具，让他的手不闲着（最好学生穿着带大口袋的宽松夹克或连帽卫衣，便于隐藏玩具），也可以让学生进行等距离运动，比如双手手掌对压，或一手握拳轻撞另一手手掌。

- 让学生使用某件熟悉的物品，如铅笔，**让双手忙起来**。（感觉输入工具清单详见附录 B。）

- 尽量在学生紧张或兴奋之前先发制人，**允许学生进行"运动身体的活动（movement activities）"**（详见附录 A）。

甩手臂

在站队、等待轮流活动之类的场合,有些学生很难按照要求静静待着。甩手臂有时起到调节作用,有助于他们平复情绪,有时则只是因为他们喜欢活动、想要活动。

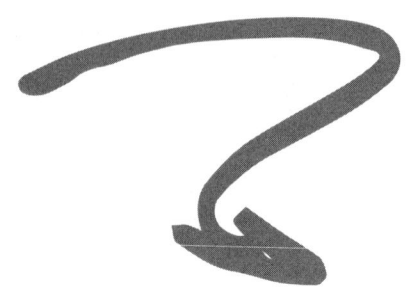

对　策

- 如果甩手臂的动作影响到了他人，**重申要求**：解释为什么不应该（因为看起来很怪，也可能会打到别人等），然后要求停止或让他把双手放进衣服口袋里。

- 如果是在排队等候参加某项活动，**让他排在队尾**以减少干扰。

- **安排一项任务**，让他们必须不停地动用双手和双臂。

折断铅笔、蜡笔

有些学生肌肉或关节的反馈差、反馈不完全。他们对用笔力度浑然不觉,总是折断铅笔和蜡笔;他们用橡皮擦时太用力,交上来的作业本到处是破洞。而当某人的蜡笔断了又断,旁边学生的情绪会受到影响。如果你发现某位学生过度频繁地使用削笔刀,就要留心了,很可能他就是那个肌肉或关节的反馈差或不完全的人。

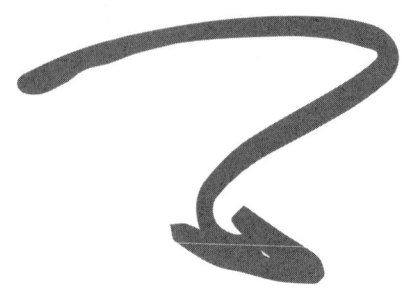

对　策

- **采用耐用的书写、绘画工具**。市面上能买到即使用力按压也不易折断的铅笔和蜡笔。可鼓励年龄稍大的学生使用水笔、钢笔,虽然改起错来比较麻烦,但比起不断笔的烦恼,情况好多了。

- 考虑让学生**改用"自动铅笔"**,便于更好地把握对书写工具的用力分寸。

- 如果可以,**使用不易擦破的厚纸**。另外,允许学生划掉错字而不是擦掉(也不会因此而受罚)。

- 学生年龄够大的话,**尝试采用键盘输入工具**。这些打字设备可以在课堂上使用:一是不会太贵,买得起,二是就算做了改动,学生也能交出整洁的作业。

- 如果学生正在接受作业治疗（Occupational Therapy, 简称 OT），**让作业治疗师知道**这一问题的存在，也许他 / 她会给你有用的建议，或者与你合力解决问题。[先和特教个案主管（Case Manager）沟通一下，看看你所在的地区关于特殊教育的作业治疗有怎样的参考指南。]

不恰当地触碰、冲撞他人

从学前到高中，在不同的场合，你都可以观察到这种行为。在圆圈活动（Circle time）时，有学生会想要躺倒、用脚踢身边的同学：他总是闯入别人的空间里。这些学生管不好自己的双手，总忍不住要去碰别人的身体或头发。

他们也很难乖乖排队。在走廊列队行进时，你会发现他们总要伸出手来碰墙。在排队或圆圈活动时，他们也总要去撞周围的同伴，偶尔还会伤及他人。当老师指出错误后，他们通常会道歉，但之后对自己的行为依然不能自觉。实际上，这是由于他们对于触觉不敏感，或者意识不到自己的身体在空间里的位置造成的。

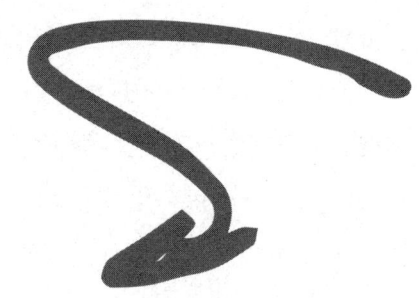

对 策

- **提醒学生尊重他人的个人空间**。如果你知道某学生有这些问题，最好一开学就安排一些专门的课程，强调在日常活动中和同伴保持恰当的距离是非常重要的。也有可能，学生已经在校外或家里接受过这种训练了。如果你确认他已经建立了要尊重个人空间的意识，那么只要一个提醒就足以消除这种行为，至少在一段时间内效果明显。

- 如果学生在提醒之下仍不能停止这种行为，则有必要让他通过其他合理的方式满足自己的需要。可**采用运动休整法（movement breaks）**：允许他去喝水、上厕所都很管用（详见附录 A）。

对某些学生来说，必须要提前学习一些有关如何尊重个人空间的行为规则。有了规则意识，只需老师或操场监管员几句提醒就可以有效消除碰人、撞人行为。不过这种效果只能维持一段时间，一天里需要多次提醒。在提醒无效的情况下，可尝试附录 A 中的运动休整法。练习使用这些技巧的机会越多，学生就越能灵活运用，从而及时避免不恰当行为或扰乱行为的发生。

咬衣服或其他不该咬的东西

咬衣服是学生用来自我调节的应对机制之一。结果是衣服被咬破,或造成大片的濡湿。有些学生还会咬橡皮、反复啃铅笔。这些都是口腔刺激的方式,有调节和安抚作用(就像小婴儿吮吸安抚奶嘴、成年人嚼口香糖一样)。能否给他们提供社会认可又符合其年龄特征的口腔刺激至关重要。

对 策

- **允许学生边上课边吃东西**。水果硬糖、软糖、果卷、小熊橡皮糖等**有嚼劲的食物**，可以带给学生口腔刺激，满足他们的感觉需要，使其保持注意，专心上课。椒盐饼干、各种水果、果干烤燕麦条等**脆性食物**也很有效，不过难免对周围学生造成一定干扰。柠檬糖之类的**酸味食物**也能达到想要的效果。

- **允许学生用带塑料吸管的水杯喝水，吸管要粗一点**。学生课堂自带水杯很普遍，所以这位学生不会那么显眼。他可以通过咬嚼或吮吸吸管满足口腔刺激需要，而不会太过古怪或"与众不同"。

- **低龄（幼儿园甚至更小）的学生，可使用一段水族箱用软管（aquarium hose）或是咀嚼棒（Chewy-Tubes）**。这个年龄段的孩子社会意识还不那么高，就算使用这些东西也很少会被耻笑。

咬衣服、铅笔这类行为在社会交往中是不被接纳的，所以这里的关键，是找到其他更为适宜的替代物，让学生少受羞辱。作为教育者，我们要做的不是一味地墨守成规，而是能明智地做出决定，有效地解决问题。假如学校规定上课"不能吃东西"，就需要你下决心做出调整。这不仅是为了有障碍的学生，也是为了全体学生。请记住，比起学生，身为教育者有更多的决策权。当学生因障碍而出现扰人行为、不恰当行为的时候，我们有能力调整自己的应对措施。

哈欠过多

当你认真上着课,抬头间忽然发现某位学生在不停地打哈欠,会不会很受打击?是他睡眠不足,还是课上得太枯燥?打哈欠表明身体的唤醒度不够。这样的情况,最好能让学生获得足够的感觉输入,保持身体和思维的敏捷度。

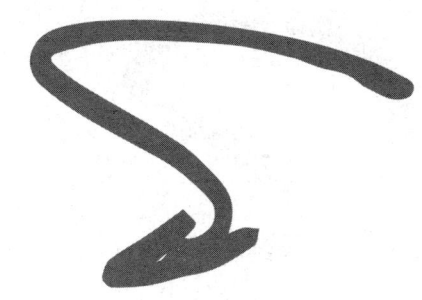

对　策

- **允许学生用水杯喝水**（很多老师已经这样做了）。用水壶喝水让学生有机会适宜地运动身体，满足感觉输入需要，从而保持机敏和专注。

- **允许学生通过肢体运动进行自我调整**。有些老师已经总结了一套行之有效的方法：让学生偶尔离开座位，去接水喝或把几张纸放到讲台。这些身体运动常常有助于让他们避免过多地打哈欠、伸懒腰（更多建议详见附录A）。

- **允许学生吃酸味糖果**（如柠檬糖）**或脆性食品**（如干麦片、椒盐饼干），**与运动休整法交替进行**。吃东西带来的刺激输入具有唤醒和组织协调的作用（完整的食品清单见附录B）。

另外，这里很多建议都有个假设的前提：我们所谈论的学生已具备处理这些附加任务的能力。带着这样的认知，明智地做出你的决定吧。

坐不住

上课坐不住的学生同样会出现我们前面讨论过的运动问题。因为渴望运动,他们敲打铅笔或手指、趴在课桌上、摇晃课桌或是身体紧张,甚至于摇摆身体、上下跳动、挥舞手臂等。这些动作实际上有助于他们跟随老师的指令,继续专心上课。

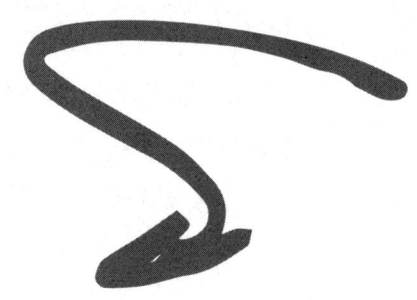

对 策

- **把学生安置到最后或最边上的座位**。现实是你不能百分百消除这种行为,接受这一点,然后把他挪到一个尽量不影响他人又不会被孤立的位置。

- 上课时,**允许学生偶尔起立**。这无伤大雅,在站完事先约定好的时间后,悄悄示意他就会坐下。

- **给学生**挤捏球之类的**减压玩具**,满足学生所需感觉输入以便保持注意力集中。

- **给学生运动休整的机会**,让其完成某项有目标导向的活动(推荐活动清单见附录B)。

- **允许学生吃脆性或酸味食品**以取代坐立不安的行为。

- **允许使用充气式坐垫用品(Movin' Sit, Disc' O' Sit)**(如果适龄)。这些半充气式坐垫允许人适当运动而不会移动椅子。允许学生充分运动从而获得所需感觉输入以保持注意力,就可以避免坐立不安,也就不会影响同学、扰乱课堂秩序了。

记住:有点坐不住是正常的,大家都难免!

离座行为

有些学生比一般人更需要到处活动。他们会假托各种借口,离开座位四处走动:他们"需要"每小时削好几次铅笔,"需要"上厕所或喝水;或者,他们假装要找某本书,或去看别人在干什么,在教室晃悠;更有甚者,跳上又跳下,来回踱步,跺脚,超出了社会能接受的范围。然而,这些"动觉型"学生也许只是在试图满足自己的感觉需要而已。

对　策

- **让学生到教室外替你跑腿**。老师可以提前准备好"放风通行证"放在抽屉,当发现这位动觉型学生开始坐立不安,就可以请他帮忙了,比如让他带信给另一位老师(最好这位老师的教室或办公室在大楼的另一侧);你还可以悄悄告诉他,途中可以顺便去饮水机那边喝点水、去上个厕所什么的。

- 封好的信封里不一定非有什么正经内容。两位老师事先说好,另一位老师就有心理准备,这位学生不时过来"递送"东西也就不足为奇了。他只需接过信封,继续做自己的事就好。

- 还可以**让学生在课堂上干点体力活**。比如，把书从教室一边搬到另一边、拿放书包或游戏器材、擦黑板、打孔或装订纸张、整理交上来的回家作业或其他文件并归档。学生不仅帮助完成了课堂杂务，还产生了被需要的感觉，同时也满足了感觉输入的需要。

- 对于适龄学生，还可以**使用加重背心（weighted vest）或重量腿垫（lap weight）**，满足其对深度压力（deep pressure）的需要以摆脱困境。加重装备让学生产生"落地"的踏实感，而且使用方便，照常坐着就可以。

- 在操场监管员或特殊教育助教的监督下，**允许他在操场的游乐设施上"锻炼"**五分钟左右。如果学生正在接受作业治疗，可以咨询治疗师，看可以采用哪些特别有效的方法。

要解决动觉型学生存在的大部分问题，需要在一小段时间内满足他们身体的感觉需要，这样他们才能聚精会神，重新回到课堂活动中来。

过度拥抱、倚靠或推搡他人

需要感觉刺激的学生会发现往别人身上靠、推人或其他东西的时候,自己的需要满足了。于是乎,他不厌其烦、不顾时机地拥抱别人,总是喜欢推挤课桌,一边走路一边还要跺脚。这些行为也可称之为"寻求深度压力"。学生用这些手段安抚自己,让自己感觉更"踏实"。

对　策

- 跟其他很多感觉问题一样，**运动休整法**会很好用。分发作业书本、跑腿等通常都是合理满足学生感觉需要的有效办法。

- 适龄的孩子可以**使用加重背心或重量腿垫**，满足他们对深度压力的渴望。特教个案管理员或作业治疗师可以提供这些材料。

- **鼓励进行等距离运动**，如紧握双手、推压墙壁等。

- **提醒学生尊重他人的个人空间**。有些老师会用"每个人身体周围的隐形泡泡"来比喻个人空间（而且有些人的泡泡会比别人大一点）。

- **使用口腔刺激**：给学生提供太妃糖、焦糖硬糖等比较难咀嚼的食物。

脱鞋

由于感觉缺陷累及触感,有些学生往往很难找到让他们感觉舒适的鞋子。穿着不舒服的鞋子就难免分心,有时甚至到了对任何事都心不在焉的地步。于是他们会忍不住脱下鞋子,不分时间地点。有这种状况的学生通常喜欢光脚或穿拖鞋,但这些都是有违学校安全规定的。

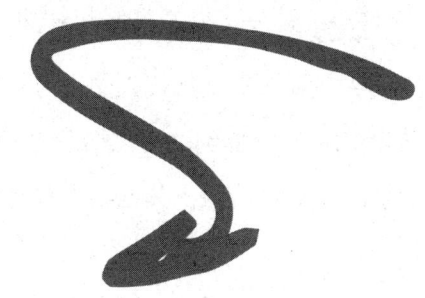

对 策

- **允许学生在教室暂时脱下鞋子**（但要穿着袜子）。有些老师可能不认同这一做法，实际上只是很短的一段时间，问题不大。

- 让学生把鞋带系松些。

- **设定严格的边界**。在某些情境或区域，是绝对不允许脱鞋的。可以这样清楚地跟学生解释为什么在这些情况下必须遵守规则：当脱鞋会冒犯到别人时（比如在餐厅吃饭时），在操场玩耍时，光脚可能会踩到尖锐物品导致受伤。

请理解行为背后的真实需求。如果我们教育者忽视需求，会导致远比脱鞋更加扰人的行为。最重要的是，敞开你的胸怀，对我们这部分提到的观点加以思考和吸收。不仅你、有行为问题的学生，还有班上其他学生都会从中受益。

第二部分

回避和退缩行为

第一部分我们讨论的问题主要存在于感觉反应迟钝的学生身上。这部分我们要解决的问题则常见于感觉反应过度的学生。

20世纪60年代，作业治疗师吉恩·艾尔斯（Jean Ayres）博士提出了"触觉防御"（tactile defensiveness）、"触觉反应过度"（hyper-responsiveness to touch）的概念。存在触觉防御的学生，神经系统对感觉刺激的感受特别强烈，他们觉得自己仿佛在不停地接受信息轰炸，于是对感觉刺激常常采取"战斗、害怕、逃跑"（fight, fright, flight）的反应模式。他们会尽量避免被人碰触，或对穿着和食物特别讲究，以此避免或减少感觉刺激。这种状态被称为"感觉防御"（sensory defensiveness）。

日常上学的准备工作——梳头、洗头、修剪指甲、刷牙这些简单的事务，都会因为他们表现抵触、大发脾气而让家人筋疲力尽。还有的学生会坚持只穿某种质地的衣服，而且商标要全部摘掉；或者，因为忍受不了食物的各种质地，他们只吃有限的几种食物。当遇到突如其来的碰触，他们会退缩或表现出攻击性，所以他们的社会互动也极为有限。

这些学生可能会：

◆ 被触碰时表现出攻击性或退缩

◆ 害怕运动和高度，置身于运动或高度环境时会难受

◆ 非常谨慎，不愿冒险或尝试新鲜事物

◆ 置身于吵闹、忙碌环境（如操场、餐厅、教室、学校集会）时会感觉不适

◆ 非常挑食，对食物气味过度敏感

每个人的感觉都是独一无二的。我们中有些人在声音吵闹、视觉混乱、有人靠自己太近时，会心烦意乱、不堪其扰；在一个地方久坐（如听讲座）也会昏昏欲睡，开始不自觉地敲打铅笔、抖腿或者吃起口香糖来。

有障碍的儿童或中枢神经系统发育不成熟的孩子与我们的区别在于，同样的干扰，他们经受的影响比我们大得多，而且，他们采取的应对策略也往往与学校环境格格不入。

回避身体接触或杂乱活动

小安是一位幼儿园小朋友，上课表现还不错。有一天，美术老师宣布上课内容是手指画。她慢吞吞走到桌边，看着颜料就是不动。老师让她用手蘸颜料，她不愿意。于是老师试图拿起她的手放进颜料里，不料她突然发作，对着周围人又打又踢又抓。

触觉防御，或触觉反应过度，是20世纪60年代由作业治疗师吉恩•艾尔斯提出的。感觉防御型孩子的典型特征，就是神经系统高度唤起：他们将一般的感觉输入视作威胁，调动整个身体迎战以求自我保全。攻击、回避、退缩、常规不耐受等行为都与触觉防御有关。

表面看来，学生因某类触觉刺激而产生的行为和情绪反应的确消极，也有些过头。毕竟，同样的刺激对其他学生来说再正常不过。然而触觉防御型的孩子就是这样，他们不能忍受拥抱、某种触碰（不论轻重），也不能把手放到颜料或者胶水里。

对　策

- **鼓励孩子参与，但不强迫。**

- **寻找替代物**。用胶棒代替胶水，画笔代替手指。避免强迫，以免学生感觉"超负荷"而出现激烈、可怕的反应。

- 如果孩子不能接受身体接触，**考虑把他的座位放在排头或排尾**等与他人身体接触机会更少的地方。如果是幼儿，把他安排在性格安静的同学左右。

- **孩子认真尝试参与时要及时强化**，争取逐渐提高其耐受性。

捂耳朵

约翰正坐在教室里上课,火灾警报突然响起来,他尖叫起来,捂住耳朵跑出了教室。对声响和噪声的消极反应(恐惧、退缩等)有可能源于听觉防御(auditory defensiveness)。有些孩子害怕各种声音:吸尘器、除草机、吹风机、吹落叶机、警报声、抽水马桶的冲水声等。有时家长在使用这些设备前,不得不提前做好准备,确保他们不会听到。

这些学生又如何应对学校的各种声响呢,比如消防演习、上下课铃声、晨间宣讲、音乐等?他们受不了这些声音的时候,会表现为突然双手捂住耳朵,不安甚至哭泣。不过,我们可以采取一些措施,减少这些情境带给他们的紧张感。

对　策

- 如果可以,在特定声音响起之前**预先告知**。例如消防演习,大部分老师都会提前知道开始的时间。如果学生得到清楚的预告,那么因声音而起的恐惧和疑惑会减轻甚至彻底避免。

- 如果可以(对低龄学生),使用耳塞或耳机,这将有助于学生避开外界干扰,独立完成课业。

- 如果学生受不了食堂或大会堂的吵闹,**考虑允许其采用备选计划**。比如,在资源教室或办公室午餐,有助于缓解部分压力。其实,仅仅是知道自己有退路这一点,往往就能缓解紧张情绪了。

- **和学生一起制订"计划"**：当某种声音响起时，如何应对。比如，当消防演习开始，学生如果很清楚自己要做什么的话，他只要去做就好。当他心无旁骛地去完成目标任务，就无暇顾及那个压力情境了，也就不会自动启动"逃跑"模式了。

- 如果学生难以忍受日常课堂的喧闹，**允许他"暂离吵闹"**（Noise Break）。可采取以下方式来实现：比如，他可以去电脑边戴上耳机或使用耳塞，然后进行阅读。在学生被烦扰的时候，让他们有一个"静处"安顿自己这是非常重要的。

不安时躲避、跑开

午餐时间,学生打开餐盒,发现少了某样吃食,于是大声喊叫着冲出门去。不安时躲避或跑开正是"逃跑"反应的表现。不明所以、缺乏问题解决能力、情绪堆积都会让寻常小事变得生死攸关,从而触发此种反应。当遭遇突发状况或不寻常事件时,最容易出现这种行为。

这些事件发生时,学生的反应与普通学生截然不同。以他们的智力,完全知道该如何正确行事,但由于来得突然,那些我们眼里不值一提的小事却像天塌下来似的,足以压垮他们。他们的这种行为不针对任何人,往往只是受了太多刺激之后的正常反应。而你的第一反应,应该是把学生带到让他感觉安全的环境,让他有机会"重整"自我。只有给他足够的时间平复身心,他才能对你敞开心扉,诉说自己的不安。否则,时机未到,强迫他与你交流的话,很可能会加重其紧张情绪。

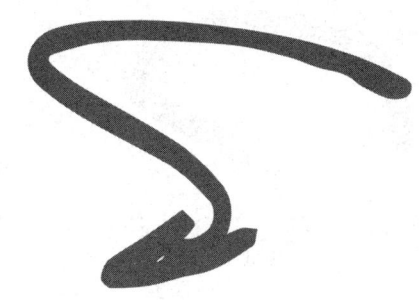

对 策

- **独处有助于恢复**。在孩子没有准备好重回拥挤情境之前，不要强迫回归。让他暂时离开那个环境（可待在办公室、资源教室或其他指定的"安全点"），直到放松下来。

- 尽可能帮助学生"燃烧"掉一些触发事件引起的**情绪能量**。暴走和荡秋千都不错。

- **使用预先确定的规则或故事**帮助学生重回正轨。鼓励他下次陷入同样感受的时候，按预定计划行事。

- **事件来临前，尝试判断并预报**。比如，假如经验告诉你，学生会因为不了解消防演习而出现各种反应，那就请采取措施，保证他提前做好了准备。

- **最重要的是，这种行为不针对任何个人**。孩子在压力之下难免会说些口不对心、不太得体的话。

低头或"自我封闭"

有的学生会用低头或全然封闭自己的方式，将自己与他人隔绝开来。他会在不该读书时读起书来，或用一些肢体语言（如背对大家），实现身体上的隔离。如同面对压力选择"逃跑"的学生，他也会因为缺乏社交能力而选择自我孤立。如果不知道如何主动交友或发起对话，主动走开不失为一种更为轻松舒适的"选择"。其实这些学生都非常认真，不仅在学业上认真，而且特别认真地维系个人感觉系统的平衡，努力想要记住所有的社交"规则"，努力学习与他人合作共处之道。

对　策

- 如果学生在课上低下了头或已然"封闭"了，**给他点儿时间调整自己**。等他调整好以后，再考虑接近他，重新给他指令。

- 记住：**独处有助于平复情绪**。允许他暂时离开压力情境（可去办公室、资源教室，这些地方有人看管，还能让他摆脱问题环境），直到他准备好重新回来。

- 如果他是因为在某个社交情境里不知道说什么、做什么而选择自我孤立，那就**有必要通过故事模仿或特别学习整套的社交规则，学习如何与他人互动**。关于社交故事（social story™），可以咨询学校的言语语言治疗师（speech/language therapist）或特教个案主管。

第三部分

常规和学业困难

影响学生课堂表现的因素多种多样。累了、病了、饿了都会导致与课堂常规和学业有关的问题。对于孤独症谱系内（或有其他障碍情况）的学生，还会有其他的影响因素。

- **内部因素**：不理解、不被理解、信息掌握不充分、能力不足以完成课业、没有选择的余地、害怕犯错、被纠正、被否定、被打断、被忽视、迟到，以及害怕被戏弄、被指责、被遗漏。

- **外部因素**：环境或常规发生变化：时间表微调、场地更换、教职员工请假或迟到、朋友或家人没来、某事某活动提前或取消、不得不等待太久等。

- **环境混乱**：拥挤、吵闹、动来动去、视觉刺激过多、个人空间不够、丢失珍贵物件等。

- **自我组织问题**：不论个人智力如何，很多障碍学生都缺乏良好的自我组织技能。即使成绩全优的学生，也有可能上课忘记带铅笔，或忘记按时完成作业。

- **感觉问题**：学生有可能不能控制自己的身体，不能静静坐着及专注于手头的作业。

学生的不良行为不针对任何个人。有孤独症谱系障碍、学习障碍或妥瑞氏症的儿童并不是一群善于操纵他人、处处制造麻烦的心机小孩。他们几乎都不知道怎样指使别人，即使会，也是极个别的。他们之所以出现不良行为，不过是在努力应对那些令他们感到困惑、迷失、恐怖的经验。他们中的大部分人极其难以理解他人的反应，解决问题的能力也很差。

难以适应地毯时光

地毯时光（carpet time）里出现的问题可能源于孩子的感觉缺陷。他会不确定自己身体的位置，或需要更多活动才能保持警觉。坐在一大群孩子中间会让他不舒服。群里同伴太吵，气味太杂，让他们的感觉超负荷。对于这些情况，你不妨试一下以下几个行之有效的策略，最终找到最适合你学生的那个方法。

对　策

- **使用视觉提示（visual cue），让学生知道边界在哪里**。试着将你的要求和某个视觉形象联结起来，而不要只说"把手收回去"。例如，你可以放一小块地毯表示他该坐的位置，也告诉他整个地毯时光他都只能在那一小块范围内活动。再辅以口头提示和提醒。也可以不用地毯，而只划定一块一般大小的地方。关键是要给学生以直观的边界，并给予口头提醒。

- **允许学生手里拿着东西，如挤捏球等**。通常这样就足够让学生得到需要的感觉输入，安心上课了。

- **策略性地将孩子安置到较不容易被干扰的地方**。最理想的位置应该是小组的前后边角。在那里孩子不会因为四周全是人而分心。也建议把那些比较不那么"活跃"的孩子安排在他们身边以减少干扰。鉴于每个孩子的特殊性，你也可以尝试在不同的地方，找到那个最优的位置。

◆ **考虑允许孩子坐在小椅子里**，帮助他管住自己的身体。

我们的目标是在地毯活动开始之前，做到精心计划，对整个活动过程胸有成竹。如果学生在活动一开始就得到视觉提示（方块地毯）的约束，也被放到了不容易被干扰的位置，出现问题的可能性就会降低。

排队困难

彼得是小学三年级学生,上课时表现还不错。不过在课间活动之后,问题出现了:铃声一响,同学们开始集合回教室,他却往外面场地上跑。这是怎么回事?

一般的学生,如果在操场听到铃声响,大多知道该"集合"了。有时候,会有50到100人同时冲过去找自己的队伍并归位。铃声很吵,周围那么多人横冲直撞,对某些学生来说,这种情景形同噩梦,能让他们瞬间崩溃。不过,我们可以稍微做些安排就可以有效缓解这些困难,尽管不是完全解决,至少可以减轻问题的严重性。

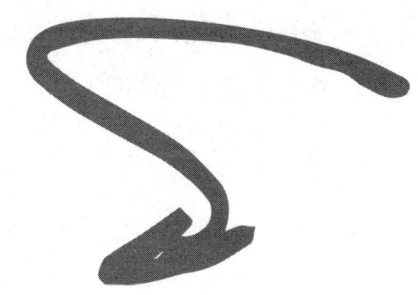

对　策

- **事先简短提醒学生马上要集合了**。这样，排队集合这件事就不会来得太突然，也不会让他感觉自己的条理被打乱。如果你告诉他，比方说，两分钟之内，到队伍里排好，那么当时场面的混乱给他的冲击也会有所减轻。在操场上，可以把这个提醒的任务交给当值的操场监管员。

- **给学生在队伍中指定一个固定的位置**。这样学生就能明确目标，有序可循。有些老师的经验是，队伍第一或最后通常是最佳位置，学生只在前或后面有人，而不是被前后簇拥。也有老师认为第三位最好，因为总有抢着排第一的人，把学生排在第三，可以避免这些人心生不满，更好地保住该学生的位置。

- **允许学生在别人排好队之后入队**。学生必须明白躲起来或溜走是不允许的，但你可以同意他在喧闹大致平息后再加入队伍。

开始作业困难

课上老师布置了作业,可是这位学生只管看书,根本不理作业。这种情况每天反复出现至少五次。为什么会这样?有学习障碍或孤独症谱系障碍的学生通常在问题解决、抽象及概念思维和自我组织方面有困难。他们有完成作业的能力,但需要老师稍加指导。

对　策

- 需要老师**进行额外的讲解**。记住，这些学生在抽象思维和关系理解上有些困难，你可能需要对问题进行简化。

- **减少选项数量**，这样学生就不必权衡太多。比如，如果你布置的作业是写一写"我是如何过暑假的"，那么落实到这个学生时，要考虑将题目具体化，可改为"请说明这个暑假你的游泳课怎么样"。当然，这样做的前提是你对这个学生的背景资料有所掌握。做到这一点是必须的，所以需要你与学生家人或特教个案管理员密切合作。

- **使用视觉提示**。根据不同的作业，让全班学生进行头脑风暴，再把各种点子和结果写在黑板上；或者，也可以让学生借助组织结构图梳理思维。有了这些直观化了的想法，学生只需从中选择就好了。全班学生也都可以从中受益。

- 很多有障碍的学生都不擅长主动规划,所以可试着对做作业进行提示。可以**向学生提出一些具体的问题,比如**"你要用到哪些文具啊?"(纸笔等),"你应该先做什么啊?"

- 亲近学生也是很有用的办法。有些学生只需被"天鹅绒小锤"轻轻一敲就能开始做作业。**在布置完全班学生的作业之后,教员去到那位学生身边,或提问或回答,让如何做作业变得越来越清晰。**

- 组织全班学生一起进行头脑风暴,缩减作业选项。

小组活动困难

有障碍的学生很可能无法很好地参与小组活动。他可能不想过来参加圆圈活动，或更喜欢一个人远远坐着。即使在只有几个人的小组里，甚至是二人组里，这个孩子依然可能不说话，或想坐到另一个人身边去。由于他们组织能力弱、不善于解决问题，还有各种感觉问题，所以在开展分组学习前同样需要我们事先做好计划。

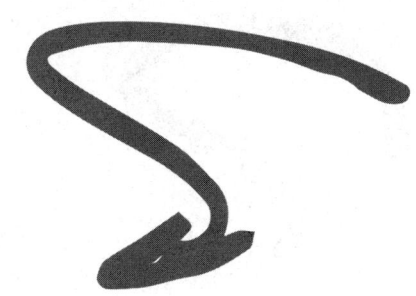

对　策

- **避免让学生自己结对成组**。让学生自己组队不仅容易造成混乱，也意味着有障碍的学生必须自己去接近同学、发起对话，这会让他们极度焦虑。而且他们往往最后才会被同伴"选中"入组，这会造成他们的孤立感。

- 想想把学生安排到哪个组最有利于他克服困难。**组员最好比较有领导力，能发出条理清晰的指令，既不会逼迫也不会忽略有障碍的学生**。鼓励小组成员等到组内全体伙伴都参与了某一任务之后再继续下一个任务环节。

- **在设定小组目标和行动准则之后再确定分组**。比如：分配每个人的角色和职责，谁当记录员、谁当发言人等等。这样在整个班级被乱哄哄地分成小组之前，每个学生都能领到属于自己的任务。

回家作业困难

很多家长反映，学生在家的作业问题成了家庭矛盾的焦点。本应半小时就完成的作业，他们要用一个半小时，还得家长坐在旁边全程陪同。关于这个问题的原因，有很多理论解释。有的认为是因为学生缺乏组织技能，一想到必须做作业，他们就焦虑起来，结果是无法组织和集中精神。也可能与学生的刻板思维有关，他们认为学校是学校，是做作业的地方，而家是家，是玩耍的地方。还有可能是学生对要做什么有自己的打算，他们不明白为什么非要有作业在那里碍手碍脚。另外，还有学生会觉得，他们已经理解了课上讲的概念，没必要再做练习了。

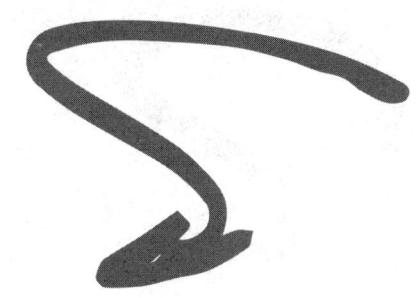

对 策

- 问问家长家里是否**有一套结构的作业常规**。每天的作业应该尽可能在同一时间、同一地点完成。

- **确定作业的优先次序**。如果有家长要限制学生的作业量，那么要确定哪些作业最为重要：是抄写生字 5 遍更重要，还是抄写生字 2 遍同时完成数学更重要？做数学作业时，如果格式允许，可允许他只完成怪题、难题，而不需要完成一整页，或者，可让他多做难题，以检验掌握程度。

- **和家长商定合理的作业时限**。如果你们认为学生一晚上的作业时间应该是 30 分钟，那就让家长每天计时，以 30 分钟为限。只要学生做题正确，也完成了合理的作业量，那么时间一到就应视为作业完成。

丢文具、丢作业

这些学生一般都缺乏计划性，他们不会考虑做好的作业、刚刚用过的东西该怎么收好，而只会往课桌或书包里随便一塞，然后做其他事去了。等到下次要用了，才发现根本找不着了。常常，你在上面发号施令，他在下面忙着找铅笔、找作业。你总是看到他在"赶"着做这做那。不管回家作业，还是随堂作业，他们通通都可能漏交，不是因为没做完，而是不知道丢到哪儿去了。

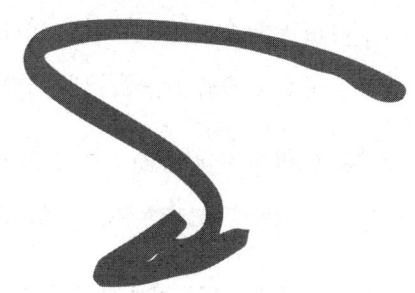

对　策

- **教全班学生整理作业、收纳物品的一般方法**。不要认为所有学生都知道该如何正确收纳。

- **每节课后总是口头督促学生把作业和物品收到正确的地方**。比这个更重要的，在你确认东西都已经正确归位之前，不允许学生接着做其他事。这种做法听起来似乎相当麻烦，但一旦养成习惯，你会发现班上丢三落四的学生不止一个，他们也受益匪浅。

- 坚持每天一早**把他叫到一边**，让他打开书包，把作业交给你。尽量装作若无其事，可称之为"督促学生"。

- 规定**一个固定的地方**摆放铅笔盒等文具**物品**。

- 每天放学回家前，**让一位学生或助教协助该学生确认物品和回家作业是否已收纳整齐。**

- **寻求家长的协助**，在家里采用同样的方法，确保作业和文具物品都能在第二天整齐地带回学校。

- **确保所有回家作业都写到了黑板上**，而且学生也抄下来并很好地收到了各自的文件袋里，方便家长督促完成作业。

- 老师也可将上课用的**幻灯片**（教学内容和教学计划）内容**复印**给学生，家长可以据此掌握更多信息，便于跟孩子交流在校情况。

- 针对特别容易丢作业的学生，制定对策。可制作同学通讯录，需要时他们可打电话咨询作业事宜。**有些老师还会在网上布置回家作业。**

课桌不整、作业夹凌乱

因缺乏组织能力而影响在校表现的又一例子。

对 策

- **教授全班学生整理作业、收纳文具物品的一般方法。**定时、定期组织全班学生整理课桌和作业夹。明确整理要求。

- **规定固定的地方存放文具物品。**可考虑分类存放并在每个位置贴上相应的图片或标签。

- **尽量简化整理方法。**如果一科一个文件夹对于学生比较困难,那就简化。选择只有两个口袋的文件夹,一个装已经批改过的作业,一个装等待上交的作业。

- **设立检查机制。**(同伴或家长协助)保证每天晚上睡觉前作业夹整齐有序。

- **调动学生积极性，一起探索适合个人的整理方法**。我们通常会把我们认为行之有效的那套整理方法教给学生，却不会带领他们去发现最适合他们的方法。要知道学生对于"自己"的方法，会记得更牢、执行得更好。

书写不良

　　有些学生精细运动能力和计划能力都很差。他们在写字用笔时，不是过重就是过轻，也有的会写到线格外面，或控制不好字间距。所有感知觉和计划能力的问题都影响着学生的作业效果。

　　另外，有些学生对作业的态度是只求完成，不求工整。这样匆匆赶出来的作业势必潦草难辨，也难以反映孩子的真实水平。

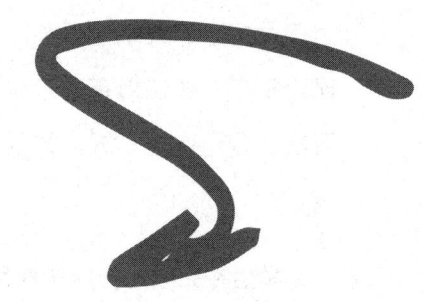

对　策

◆ **允许写作业时嚼口香糖**。咀嚼产生的感觉刺激和节奏有安抚作用，让学生专注于作业的效果。

◆ **放宽作业时间**。如果学生知道作业不受时间限制，也许就能安下心来认真书写，达到理想的效果。

◆ **探索新的作业方式以替代传统的"写作业"模式**。允许口头完成作业，或使用掌上文字处理器（如 Calcuscribe、AlphaSmart）。

◆ **给学生提供加重的铅笔、钢笔或加粗的蜡笔**。这些特制产品对有精细运动问题的学生很有帮助。

- 为了保持字体大小适中、统一匀称，**可用记号笔在纸上画出框架，或使用有凸起线条的纸，让横竖边界都清晰可辨**。普通作业本纸页线条很淡，对学生来说边界不够清楚。

- **允许学生在完成几行后休息片刻**以便保持注意力。

- 重质量胜于数量。

- 通过摹写、描红、抄写等方式，增加学生的书写训练。

不注意、开小差或不听指令

很多看似缺乏注意的问题,其实并不缺少注意。比如,有的学生没有看着你,但并不表示他没在注意听你讲话。

那些有注意障碍兼具其他障碍的学生,倒是真会有无法保持专注的问题。除此以外,很多没有注意障碍的学生,是可以保持注意的,只是很难调节和转换注意力。课间休息结束后,他们虽然回到了教室,但总显得心不在焉,久久回不过神来;新的一节课开始了,有人还放不下手头正在读的书。这些学生的注意力都不在眼前的点上——要么还沉浸在自己的思想里,要么正忙着完成之前的作业——他们的注意力很难转换过来。

有些学生似乎沉浸在"白日梦"里，但实际上，他们很可能正经历着感觉超负荷、听觉处理能力差（导致难以听从口头指令）的考验；或者他们的兴趣点和一般学生不同，学业测验得"优"，远不及在自己头脑里的天马行空更让他们感觉愉悦；又或者，他们只是"卡壳"了——不知道接下来做什么、说什么或怎样求助于人。

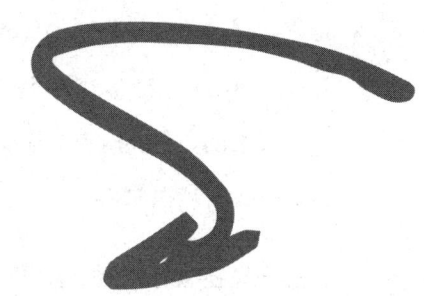

对 策

- 给被环境刺激过度的学生**一个安静的空间**"重整自我"。

- **使用视觉提示**。发出指令时,配合使用文字或图片提示。

- 通过使用信号、身体接触、同伴提醒或提问等方式重新发出指令。

- **引导学生规划任务步骤**。可提问"需要哪些材料?""首先做什么?",并将作业分解成易操作的小块。

- 限制学生过于沉迷于想象。**容许其固着于自我想象,但设定时间限制**。

- 需要时**允许学生吃脆性或耐嚼食品,允许用水杯、吸管喝水**,以便他们集中注意力和自我组织。

- 孩子的双手是非常好的唤醒调节器，有助于调节注意并保持专注。**可尝试挤捏球（squeeze-balls）、橡胶毛毛球（Koosh® balls）、回形针、橡皮泥（Silly Putty®、Theraputty™）等等。**

- **让孩子坐在教室前排**，把干扰降到最低。

- **设定一个信号或一句话**，方便学生求助时使用。

- **增加学生中场休息频次**，缩短其学习时长。

- **学生能保持注意时，设法给予强化**。物质强化（糖果、贴纸）或者社会性强化（表扬、拥抱）都可以。甚至还可以允许他玩心爱的玩具、出去散步、荡秋千或独自待会儿。

违反操场规则

操场常常被认为是学生放松、玩乐的好地方,但其实对于有障碍的学生,操场活动时间恰恰是一天里最糟糕的部分。有感觉问题的学生,大概是这样的情形:整个上午,他都克制着自己努力待在教室,终于有机会出去"玩"了!此时他的身体迫切渴望深度压力的刺激(类似于你通过跳跃、荡秋千或攀爬得到的刺激),而且需要量还很大,所以他当然不乐意和上百人分享那些器械。于是乎,他就会为了满足感觉需求而违反规则:他会玩得兴奋过头而拒绝停下来,也会任性跑开。

有些学生则会因为社会性原因而违反规则。他们中的很多人运动技能很差,不善于足球、脚踢球、篮球或手球等运动。他们想和大家一起玩,偏偏又不会玩,于是感觉很挫败。为了找个地方静一静,他们有可能会晃进某些"禁区"。这种行为看起来很失礼。因为他们是"懂"规则的,所以给人的印象是明知故犯。

有孤独症谱系障碍的儿童通常是规则驱动型人格,他们喜欢条理和常规,所以一旦开始违反规则,就表明他们已经不堪重负,正在设法满足自己某种特定的需要(如感觉需要)了;如果是跑开,则是他们在努力避开某种局面。阿斯伯格综合征成人杰拉尔丁·罗伯逊(Geraldine Robertson)曾经这样描述他的操场体验:"他们说去操场可以交到朋友,但那里是噩梦,太多吵闹、打斗、谎言、欺骗,还有飞奔的人群——人人都知道要做什么,除了我。就像一群鸟儿在盘旋、飞升、突然转向,所有鸟儿都知道怎样做,而且步调一致,除了落在最后的那一只。那就是我。我只能在边上观察、等待、跟随。我永远不协调。有时候掉队了,还会有老鹰来抓我。我不知道朋友在哪里。"①

---

① 原注:摘自托尼·阿特伍德(Tony Attwood)个人网站(www.tonyattwood.com.au)。

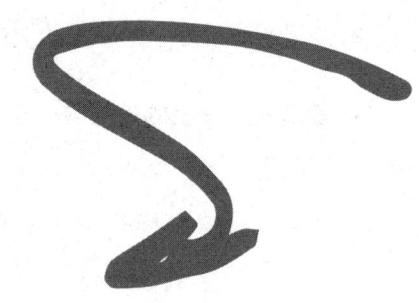

对 策

- **可以用讲故事或描述过程的方法让学生懂得课间活动如何开展**。比如:"课间活动:大多数情况下,每天三次,早上一次,午饭后一次,下午一次。有时我们会去操场上活动。那里有活动器材,很多孩子都在上面玩。大家玩的时候都要注意安全,也就是说要遵守操场活动的规则。如果铃声响了,说明排队回教室的时间到了。只要铃声一响,我就会尽快排好队。这样老师会很高兴。排好队之后,我会乖乖待在队伍里。大家都会为我骄傲!"

- 学生想要独处或待在人少的集体环境时,**明确行为准则或提供可做事项让其选择**。问学生能不能帮忙擦餐桌,或去其他老师的课堂里当志愿者。

♦ 课间活动时安排同伴或助教在一旁协助学生。

♦ **安排一个安全的地方或一个可靠的人**，让学生有需要时可以投奔。

午餐问题

有的学生对噪声反应迟钝或过度敏感,也有的学生对嘴里的食物反应迟钝或过敏,有些人只喜欢吃某一种质地的食物。

就算没有感觉问题的一般人,都可能受不了学校餐厅的各种氛围。所以我们完全可以想象,那些对气味、声音和视觉信息都特别敏感的孩子,在餐厅会有怎样的遭遇。对气味敏感的学生,可能会恶心甚至呕吐。

另外,由于感觉或精细运动问题的存在,学生的吃相可能并不雅观:由于讨厌餐具在嘴里的感觉和味道,他可能更喜欢用手吃饭,或者相反,他有可能"感觉"不到嘴里有餐具的存在;而很多谱系内学生会兼有精细运动的问题,使得他们在使用餐具时多少都会有些困难。

和课间活动一样,午餐时间本该是学生放松身心的时刻。普通学生会一边吃饭一边聊天,但对某些学生来说,无论是在餐厅用餐还是聊天,都是莫大的考验,他们更喜欢安安静静地独自用餐。

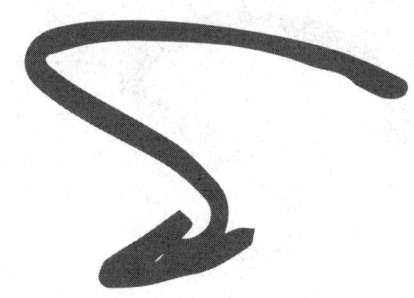

对　策

- **家长要熟知学校午餐菜单**，在需要时自备饭菜。

- **和行政人员或学生的个别化教育计划团队一起，寻找更好的用餐场所**。比如，可去办公室就餐，如果只能在餐厅，可将学生安排在最边角的位置。

求助困难

我们或许不能理解为什么有的学生在需要时总是难以开口求助。有些障碍学生极其讨厌引起他人的注意。这当然会阻碍他们的学业进步。也有可能,他们内心需要别人的帮助,却因解决问题的能力不足而"止步不前"。所以,有人主动选择了沉默、不引人注意,也有人因为缺乏沟通技巧而不会主动求助。

对　策

- 当知道学生有困难时，好老师会很自然地**主动与之沟通**。这对障碍群体来说非常重要。当学生疑似有困难时，多上前询问，这样可以减轻他们主动求助的压力。

- **和学生约定求助信号**。比如，可以约定这样的求助方法：如需帮助，就把纸放到课桌的某个角上。有些学生会觉得比较容易主动使用这种非言语信号。

- 必须教学生怎样求助以及在何时求助。个别化教育计划团队应该**考虑就此制定指导方针或提供教育故事**。

坚持不变，转换困难

坚持事物保持不变是孤独症谱系障碍儿童或强迫症儿童最常见的特征之一。一旦行动起来，他们总是会想要保持向同一方向行进，而排斥做任何改变。有的学生，一定要等到第一件事完成后才愿意接着做第二件事，这让任务推进变得相当困难。

也有的学生，遇到更换椅子、重新摆放家具这些事，会感觉难以接受。他们喜欢一切都在计划之中，讨厌出现意外。他们喜欢每天用同样的方式做事，稍有变化就会变得不安、沮丧。

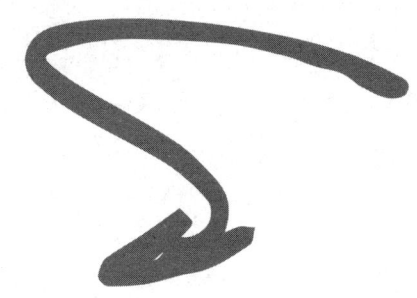

对　策

- **制定可视化日程表（visual schedule）**，让学生知道一天要做哪些事，这些事如何按照一、二、三的顺序依次推进。有时这样做就足以帮助他们顺利完成任务的转换。

- **任务转换或常规改变前预先提醒学生**。如果能提前几分钟知道后面要发生的事，学生就能做好心理准备。

- **调整对学生的作业量要求**。如果学生不能在规定的时间里完成你布置的任务，很可能就难以"放手"向前。所以，如果能稍微减少一点作业量的话，也许就能避免这一问题。

- 如果当天的日常常规会有所变化，**一早就要进行提醒**。

- **如果可能，允许学生忙完手头的任务再继续下一个任务**。你会发现，班上有好几个学生都有相似的情况。

第四部分

社会性情绪问题

研究和日常观察都清晰地表明,我们探讨的这些有障碍的学生通常较少被同伴所接受,他们缺少社会性感知觉,在社交情境中与人互动时比较笨拙,时有不当。史蒂芬·M.安德尔森(Stephen M. Edelson)博士将社交问题分成三类:社交回避型、社交淡漠型、社交笨拙型。①

---

① 原注:引自美国孤独症研究中心(Center for the Study of Autism)网站(www.autism.org)。

社交回避型

社交回避型（socially avoidant）的个体几乎回避所有形式的社交互动。当他人试图与之互动时，他们最常见的回应是根本不回应，或者索性走开或跑开。多年以来，人们相信这种社交反应模式表明这些个体不喜欢人群或害怕人群。还有理论基于对孤独症成人的访谈，认为问题的根源在于这些人对某些感觉刺激的超敏反应。比如，有人说家长的讲话声很刺耳，有人觉得家长身上的香水味非常讨厌，还有人说被别人碰到、抓着很疼。

社交淡漠型

社交淡漠型（socially indifferent）的个体不主动与他人互动（除非他们要达到某种目的），也不主动回避社交情境。他们似乎并不介意与人相处，同时也不介意独处。有理论认为这些个体在与人相处时不能获得"生物化学上的愉悦感"。

社交笨拙型

社交笨拙型（socially awkward）的个体往往在交友上用力很多，但友谊却不长久。这个问题在很多障碍儿童身上很常见。关于这一点，有两派观点：一派认为，这类学生在交往中总是被拒绝，所以没有机会习得成功社交所需的技能；另一派认为，这些人的神经系统存在差异，影响到他们的社会性学习，表现为在社交互动中缺乏与对方的相互作用，也缺乏良好的谈话技巧。许多这样的学生不能通过观察他人学习社交技巧和社交禁忌，在做出社交决定时，也往往缺乏常识的支持。这一类型的社交问题最为常见。

言语粗鲁或不当

在日常社会交往中,有能力障碍的个体不能觉察他人的意图和观点,也难以准确解读他人的肢体语言和言外之意,于是要么不回应,要么做出不恰当的回应。对于那些有非言语学习障碍(Non-verbal Learning Disorder)的学生和有孤独症谱系障碍的学生,情况更是如此。追根究底,并非他们对别人心不在焉,而是对于"看"不见的东西无法做出回应。

这些学生会这样发表自己的意见:"这里好臭。"或者问对方:"你怎么这么奇怪?"诸如此类,不足为奇。他们也会给老师和同学纠错而毫不顾及其感受。社交不当是一个比较难以克服的问题。个别化教育计划小组需就如何提供支持和帮助预先制订计划。

对　策

- **让普通学生不要把那些话放在心上**。这通常需要他们对同学的障碍情况有所理解。当他们明白孤独症学生有时就是那样说话，事情真的发生时出现反应过度的可能性就会降低。这需要家长和个别化教育计划小组合作促成。

- **不愉快事件发生后，马上给孤独症学生解释为什么他说了不该说的话，并告知下次遇到这种情况该如何处理**。最好这个学生正在学习一些咨询课程，需要时咨询老师可以不时提供辅导。

- **考虑让同伴帮忙教他恰当的谈话技巧**。这位小老师一般应是同伴中的领袖人物，可作为障碍学生的榜样起模范带头作用。此方法同样需要家长和个别化教育计划小组的合作。

应该注意的是，非言语学习障碍的学生一边会无心说出冒犯同伴的话，一边也会因同伴对自己的评价或话语反应过度。当有孩子这样问："你剪头发了吗？"很单纯的疑问，孤独症孩子却会理解为取笑，为此感觉尴尬或受伤，进而加重被孤立的感觉。

着装问题

有些学生的感觉问题会与着装有关。不论在厕所、体育课还是教室,这些问题都可能会暴露出来,也影响着别人对这些学生的看法。触觉敏感的孩子会穿着宽大松垮的衣服,也讨厌穿鞋袜,触觉迟钝的孩子则对于是否穿戴正确没有"感觉",显得邋里邋遢。此外,由于精细运动问题的存在,学生不会系皮带、系鞋带,甚至连系紧裤子、扣衬衣这些事都应付不来,以至于上厕所都成问题。而有强迫和固执行为的学生甚至每天都要穿同一件衣服。

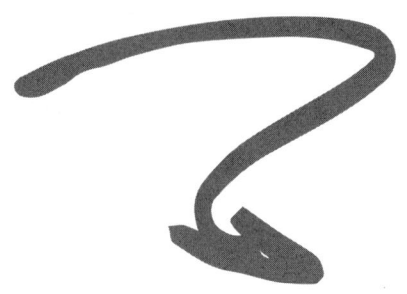

对　策

- **如果这些问题影响到了在校活动，与家长沟通联系，看家里有哪些好办法**。一起寻找解决办法，比如用魔术贴代替鞋带。

- **询问学生**具体什么衣物他们觉得舒服，什么衣物不舒服，再与家长沟通。

- 出现此类问题的学生可能正在为此接受作业治疗。**如果学生正在接受作业治疗，请注意确认这些问题是否正在好转。**

难以接受批评

有的学生很难接受批评和指正。一种假说认为,被纠正会引起焦虑,从而引发强烈的情感反应,而这些学生却无法掌控这些反应。另一种假说则认为与学生的完美主义倾向有关,他们努力想要获得对周围环境的掌控,所以希望自己永远都正确。对于孤独症学生,我们在方式方法上的微妙变化都会影响到他们对批评的接受程度。

对　策

- **老师的声音保持平和、稳定、始终如一很重要**。在学生表现良好而进行表扬时,也不要过于夸张。他们能理解你的字句,但可能会不明白你为什么如此热情洋溢。

- **提出批评或指正时,表述尽量"缓和"**。课上对学生说答案不正确再正常不过,但如果你告诉孤独症学生回答"错误",就很可能让他们反应过度。以下方式可供参考:

老师:7×8 等于多少?

学生:63

老师:接近了。如果我问的是"7×9 等于几",那你就对了。再想想看,有其他答案吗?

- **对于特别敏感的学生，书面（而不是口头）批评可能是一个更值得探究的方式。** 因为文字夹带的情绪因素相对更少，有利于学生更好地理解你要表达的内容。而且，书面的形式决定了你的表达会更趋于简明、扼要。

- **给其他同学打好预防针，让他们知道自己的言行有可能会让障碍学生不时产生意外的反应。** 鼓励他们也保持言行举止稳定、如一。这也需要家庭和个别化教育计划小组的配合。

难以做决定

虽然很多在普通学校就读的障碍学生智商都在平均或平均偏上水平,但他们可能缺乏高水平的理解和思维能力:他们的理解常常停留在字句的表面,而思维则很具体,抽象推理和问题解决能力都很差。

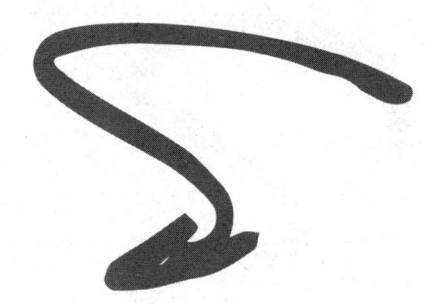

对　策

- **如果课程比较抽象，给予特别说明，使其简单化。** 这些学生在感情的微妙、意义的多个层面以及关系的复杂性的理解方面存在一定困难。

- **给出选项让学生选择而不要问开放式的问题。** 开放式问题对于词汇搜索、组织和记忆有相当高的要求。（提示：减少选项会让学生表现更好。）

说话太多

说话太多表现为两种情形。第一种是学生必须要就某一主题,把他所知道的东西全部说给你听。他们对某个特定的想法或主题特别执着和痴迷。由于他们并不总能理解社交规则,也不能完全地感知他人的感受和兴趣,所以会一厢情愿地以为别人跟他们一样乐在其中。他们难以读懂他人的身体语言,所以不能领会听者流露出来的厌倦和不满。他们似乎不是在跟你"对话",而只是对你"说话",没有彼此间的交流沟通,只顾自己说个没完。遇到感兴趣的话题,他们有太多话要说,还常常插话抢话。对于意思明确的反问句,也会有人兴奋地大声回答。上课时,明明一起坐着二十几号人,有些学生竟会认为老师只给他们在讲,旁若无人。

第二种情形常被理解为学生在"引人注意"。实际上，谱系内的学生常常不知如何安排自由时间。在老师布置完回家作业、等待下课的那段时间，为了做点什么"填满"时间，他们会开始长篇大论。仅此而已。还有一种可能，这是跟不上课堂讨论节奏的学生参与讨论的一种方式。他知道每个人都要参与讨论，但当话题在别人的控制之下，他实在跟不上，唯一能做的就是用自己的方式谈自己的话题。

这两种情况都源于学生对常见规则缺乏理解。对我们普通人而言，这些规则再明白不过。于是，这些学生不幸成了别人眼中"自以为是的人"。

对　策

- **提出具体的要求，做出明确的指导**。仅仅告诉学生他存在边界问题是不够的。边界要落实到如何保持恰当的身体距离和身体接触、哪些话题是聊天禁区等。要明确什么可做、什么不可做。对这些规则要定期提醒，发现违规时尤其要作强调。

- **不要让学生独占课堂讨论的时间**。让他知道每个学生都有发言和提问机会，等大家都说完后，他还会有机会再说。轻轻提醒一句往往就够了。

- 如果学生总是不能恰当地与人相处，**安排一位同学，定期主动与之交谈**，给他创造练习的机会。

- **特别留出时间，让学生谈论自己喜欢的话题**。比如当他表现好的时候，给他 5 分钟作为奖励，让他可以找老师或其他成人自由交谈。

哼哼、自言自语、发怪声、做怪动作

课间活动时,雅各布没有试图和其他同学玩。他好像更喜欢一个人走来走去,自言自语,还独自大笑。这种行为让他显得很古怪。一些孩子开始取笑他,叫他"疯子"。他听到之后,依然故我。这是为什么呢?

学生嘴里哼哼或发出不恰当的怪声通常是为了盖过其他可能诱发精神紧张的吵闹或事件。

对　策

- 如果学生在课上哼哼时，正在进行的环节正好是谈话类的或其他很吵的活动，可以**允许他继续**。如果学生能因此在课堂表现出色而且能保持专注，这样做是合理的。

- **口头提醒**，让学生选择更好的时机发出这种声音。

- **给学生一个可缓解紧张的替代物品**，如挤捏球。

- 如果个别化教育计划小组确认可行，**可教导班内其他学生建立心理预期：这个学生不时会出现这样的行为**。一旦了解了这个学生的独特性，他们也就不会那么少见多怪了。

打断他人

有的学生规则意识特别强,当感觉某人某事"违规"时,会特别执着于纠正。比如,当老师在黑板上写错了日期或算错了加法,他就会举起手在座位上上蹿下跳,让老师莫名其妙。他是要立刻引起老师的注意,而且根本不能满足于老师回答他"等一下"。他一心只想要纠正错误,以致在错误被改正之前不能再专心于其他任何事。这种行为也让他看起来像个"自以为是的人"。

对 策

- **别往心里去,学生的纠错行为不针对任何人**。对他们而言,给老师纠错只不过是让他们的宇宙重回正轨而已。

- **提出具体的要求,做出明确的指导**。仅仅告诉学生他存在边界问题是不够的。边界要落实到如何保持恰当的身体距离和身体接触、哪些话题是聊天禁区等。要明确什么可做、什么不可做。对这些规则要定期提醒,发现违规时尤其要作强调。

- **和学生约定**下课后再就发现的错误畅所欲言。这样不仅给这个学生一个宣泄情绪的出口,也可以避免干扰到其他学生。

放肆大笑、傻气

有些障碍学生不能控制自己的身体和情绪，在抒发情绪情感时难以把握合理的度。比如，在老师批评另一位学生的时候，这位学生可能会不由自主地大笑。放肆大笑可以如此有效地释放紧张情绪，所以即使明知不好他还是忍不住要如此。

对　策

- **此行为最有效的应对方法是口头或视觉督促**。这种行为一发生，就走到学生身边，提醒他怎样才是更恰当的表达方式。

- **使用替代行为**。如果学生年纪稍大，有写作能力，可要求他把发现的趣事写下来，并以日志形式上交给你。

- 如提醒无效，**可在教室给他安排其他任务**，让他把注意力集中到完成有目标导向的任务上去。

- 如果可以，**安排学生去他个人专属的"安全点"**，就他所发现的趣事畅所欲言。

请记住，有时我们的确会陷入两难：一边很想阻止这种行为，一边也知道这是孩子在满足自己的需要。如何取舍，有时真的很难做出决定。

眼神接触少甚至没有

教育者们普遍将缺乏眼神接触看作"有问题"的标志之一。这也是为什么我们要在本书专门讨论这个话题。我们的社会通常会认为,如果一个人跟你没有眼神接触,就表明他不在听你讲话,或者这个人不值得信任。然而很多孤独症学生都抗拒与他人进行眼神接触,即使提醒也无济于事。由于注意力差,有的学生甚至不能顺着大家指的方向或看的方向看过去。有非言语学习障碍和孤独症谱系障碍的成人曾报告称,他们缺乏眼神接触有两个原因:其一,他们很多人没有"读取"他人的肢体语言或面部表情的习惯,所以也就没有理由要看着对方;其二,看着别人的脸对他们来说实在太难,因为当看着别人脸时,他们无法同时集中注意力听对方在讲什么。米克(Mick)说:"我会看着静物。那样有助于我思考。看着空白墙壁时,我的注意力更加集中,但人们会觉得我忽视了他们。"①

---

① 原注:摘自托尼·阿特伍德的网站(www.tonyattwood.com.au)。

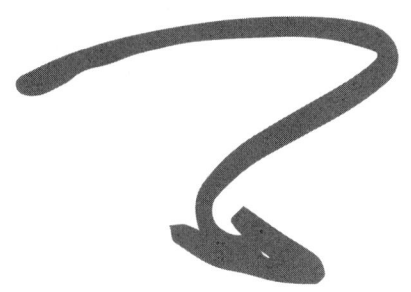

对　策

- **继续督促学生与人进行眼神接触，但不要强求**。强求往往会得不偿失。

- **定期提醒学生，对话时有眼神接触比较得体**。如果他们做到了，要给予表扬："我喜欢你刚才那样看着我，让我知道你在听我说话。"

- **可以教这些学生何时该看着别人以及该怎样看着别人**。可将此列入个别化教育计划小组的任务目标。

闻人嗅物

具有感觉统合问题的学生偶尔会试图用尝或闻的方式满足自己的感觉需要。这些学生会选择舔舐金属物或嗅闻身边的同学来满足需要,他们意识不到这些行为有失妥当。

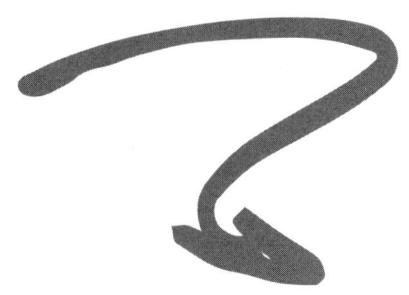

对　策

- **尽量防患于未然**。家长通常会在家中观察到这种行为,要求他们有情况及时通知你。

- **提醒学生闻别人或某些物品有时是不妥当的**(尽管有时完全没问题,如闻花朵之类)。

- **给学生提供更能被大家接受的感觉输入替代物**(相关建议请参见附录 B)。

大声讲话

你会发现有些学生说话有问题,语速太快或者声音太大。他们可能不太能意识到自己的声音给别人的感觉。要解决声音强度问题比较困难,因为声音强度本身是个很抽象的概念,也是个相对的概念。

对 策

- **使用信号**。可以尝试使用通用的"安静"手势(食指放在唇上说"嘘"),也可以使用你们双方约定的其他信号。一些人还会使用词组,比如用"室内音量"表示要轻声细语,"室外音量"表示可以大声一点。

- **使用视觉提示**,比如记事小卡片,让学生可以放在眼前时刻"提醒"。如果他降低了说话分贝,你应该及时表扬强化:"做得好!我喜欢你轻声讲话",或给予他其他积极反应。

- 如果问题无法解决,**向校方和学生的个别化教育计划小组求助**。言语治疗师可能会有更多建议。

发脾气

学生发脾气是老师们最难解决的问题之一。如果这个学生又有孤独症,就会雪上加霜。因为一旦他突破某个"临界点"就难以回转,不太可能再听你的指令了。

对　策

- **尽量防患于未然**。如果可以，及时制止校园里的戏弄和霸凌行为。如果能预知学生即将发怒，安排有目标导向的任务转移其注意力。

- 如果学生已经发了脾气，就**不要再给他下指令了，可以就要做的事给出选项，任其选择**。正在发脾气的孩子会比较难以"接近"，与其强迫他们遵守某项指令，不如让他们自己做选择来得更有成效。比如，你可以说："皮特，你可以坐在座位上，也可以去喝点水。"

- 使用附录 C 中提到的**安抚技巧**。

谨记，孤独症学生一旦进入某种高度情绪化、高度紧张的状态，就会长达几个小时无法与人沟通。偶尔，在能用言语表述之前，他们可以写出自己的感受和需要，但是，千万别设法强迫他们回应你。注意：如果学生的脾气持久不消，则需要与现场管理员和学校心理咨询师共同研究制订合理的行为干预计划。

附录 A　运动休整法及目标导向任务

- **让学生跑腿做事**，或允许去教室外面喝水、上厕所。

- **让学生在教室从事体力活动**。如：分发文件、整理书本书包或游戏器材、擦黑板、打孔并装订文件、整理全班的回家作业或文件并归档至文件夹或文件盒等。

- **给学生安排两张课桌**，每天不时轮换着坐，以免在同一处坐太久。

- **让学生进行等距离运动**，比如紧扣双手、做墙壁俯卧撑（推压墙壁）等。

- **让学生去操场进行一项活动**，如吊单双杠、做跳跃运动、荡秋千、攀爬游戏设备等。

- **让学生在治疗球上弹动身体或做俯卧撑**。

- 需持续久坐时，**允许学生起立**以保持警觉。

附录 B　感觉输入工具

- **挤捏球（squeeze-balls）**（可手握小球，内充凝胶或沙子，可提供学生所需的感觉反馈），橡胶毛毛球（Koosh®）亦可。

- **减压玩具（fidget toys）**，如各种橡皮泥（如 Silly Putty®、Theraputty™）；年龄稍大的学生可自由把玩回形针；还有各种可反复弯折扭曲、自由塑形的塑料小玩具（Tangles）。这些柔性物品可提供足够的阻力，满足学生的感觉需要。

- **充气式坐垫（Movin' Sit，Disc' o' Sit 坐垫，Gymnic® 公司产品）**，特别设计，学生无需起立，坐在椅子上就可适当运动。这种充气式垫子的一面有特殊纹理，充满足够气体后，学生可坐着轻微扭动，有助于提高注意力和专注度。

- **加重物品（weighted objects）**（加重背心、枕头、毯子、腿垫、毛绒玩具、护腕或护膝等）。需在作业治疗师的指导下使用。

- **治疗球（therapy balls）**。可充气大球，通常要足够大，能坐人或在上面做俯卧撑。

- **耐嚼食品**，比如水果燕麦条、硬面包圈、奶酪、口香糖、甘草糖、果卷、瑞士糖、太妃糖等。耐嚼食品提供的阻力有助于自我组织，满足学生的感觉需要。

- **脆性食品**，比如干麦片、椒盐脆饼、水果燕麦条、蔬菜、爆米花、薯片等。

- **酸性食品**，如柠檬糖或其他酸味水果糖。和脆性食品一样，酸性食品起到提神、唤醒和自我组织的作用。

- **水杯**。

附录 C　安抚技巧

- **让学生去事先选定的安静场所**。短暂独处具有修复功能。让学生利用独处时间平复身心。

- **让学生使用音乐中心**。音乐中心可以是教室的某个角落，也可以仅仅是一个起安抚作用的音乐播放器（如 iPod）。

- **让学生深呼吸**（连做几个深呼吸，每次吸气后屏气默数 5 秒再呼出）。

相关资源

《孤独症育儿百科：1001个教学养育妙招（第2版）》，[美]埃伦·诺特波姆（Ellen Notbohm）、[美]韦罗妮卡·齐斯卡（Veronica Zysk）著，华夏出版社，2021.7

《我的孤独症朋友》，[美]贝弗莉·毕晓普（Beverly Bishop）、[美]克雷格·毕晓普（Craig Bishop）著，华夏出版社，2017.1

《社交故事新编（十周年增订纪念版）：教会孤独症谱系障碍儿童日常社会技能的158个社交故事》，[美]卡罗尔·格雷（Carol Gray）著，华夏出版社，2015.11

《孤独症孩子希望你知道的十件事（第3版）》，[美]埃伦·诺特波姆（Ellen Notbohm）著，华夏出版社，2021.7

作者简介

贝丝·奥纳（Beth Aune, OTR/L） 注册作业治疗师，是美国加利福尼亚棕榈沙漠市（Palm Desert）沙之洲儿童治疗中心（Desert Occupational Teherapy for Kids）负责人。

贝丝热爱自己的职业，有强烈的职业使命感，她和她的团队一直致力于帮助特殊孩子发掘他们的潜能，提高日常生活自理能力，同时非常重视帮助孩子发展与父母、养育者和老师之间的关系。

贝丝和她的团队以专业的知识、负责的态度，为孤独症谱系障碍、感觉加工障碍、发育迟缓、喂养障碍、唐氏综合征、脑瘫等确诊及疑似儿童提供评估和康复治疗服务，该治疗中心还可以为儿童提供家庭康复治疗和入校教育支援服务。

贝丝还与他人合著了《融合教室问题行为解决手册》和《融合学校问题行为解决手册》两本书。她在美国各地都进行过演讲，为教师和家长提供了实用的解决方案，帮助他们理解孩子们的感觉加工障碍，面对学校和家庭面临的挑战。

贝丝·伯特（Beth Burt），现居美国南加利福尼亚（Southern California），和丈夫、两个儿子、两只猫和一条狗一起生活。她的儿子，一个有孤独症（ASD），一个有学习障碍，如此经历使她成为一名特殊需要儿童权利倡导者。她致力于代表孤独症学生以及有其他障碍的学生争取权利，至今已超过 13 年。她积极参与无数与儿童、残障和教育相关的工作小组和委员会，足迹遍布南加利福尼亚各个大学、各种大会、家长组织以及企业单位。目前，她是内陆帝国孤独症协会（Inland Empire Autism Society）会长，同时也是加利福尼亚孤独症协会（Autism Society California）和愿景职业规划机构（Visions R Us）董事会成员。这是一个非营利性组织，致力于帮助有特殊需要的青年找到理想的工作，完成从高中向社会的过渡。

彼得·热纳罗（Peter Gennaro），现任美国南加州阿尔沃德联合学区（Alvord Unified School District）特殊教育主任。此前曾担任特殊教育协调员以及教育计划与融合专家。他曾作为一名教师，给有情绪障碍的学生上过课，也曾在特殊教育学校给不同障碍类型的学生上过课。作为特殊教育主任，他继续保持着与教师、特殊教育服务者以及学生家庭的密切合作，共同致力于开发、应用有效的特殊教育计划。